이렇게 새벽을 표류하다 아침을 맞이하겠지

이아로

사랑하던 사람을 언니라고 부르는 순간부터

꿈에서 본 지 도 오래됐네요. 이제는 눈을 감아도 얼굴이 그려지지 않아요. 기억은 꺼내어 만질수록 닳는다는데, 그 슬픔을 어루만지느라 참 오래도 울었고 울었겠습니다.

그러니 안부는 전하지 않기로 해요.
이대로 이 계절에 멎어요, 우리.

목차

13–65   난파
67–101 표류

105   나가는 말

1.

　발작과 함께 잠에서 깨었다. 퍼엉 펑, 증발한 악몽은 고독으로 응결되어 나리고 우는 심장만이 곁을 맴돈다. 어깨를 웅크려 무릎을 끌어안았다. 내가 가진 온기로 우는 것을 달래어 보지만, 악몽으로부터 도망쳐 온 곳이 이토록 차가운 이불 안이라는 게 서럽고 서러울 뿐이다.

2.

바람이 부서지는 방. 빛 한 점 들지 않는 곳에서 유약한 마음이 피어났다. 그것은 고독으로 목을 축이고 쓸쓸함으로 배를 불려 제법 그럴싸한 모습을 갖춘 외로움이 되었다. 나는 무엇을 그리워하는지도 모르는 채 무언가가 그리워 울었다. 공허의 이름을 머금고 달빛의 어스름을 파고든 것이 몇 날 밤. 외로움을 뉘일 곳은 그 어디에도 없다는 것을 깨달았다.

온기를 가진 것들을 등지고 정체성을 잿빛으로 정의 내렸다. 불안정 속의 안정. 들려오는 적막의 목소리. 이윽고 맞이하는, 새벽.

3.

  빛나는 것들은 유해하다. 마음을 크게 부풀려 기대하게 하고 끝내 실망마저 하게 하는, 들이켜면 들이켤수록 나를 말려 죽일 독같은 것들. 이미 검붉어진 영혼의 색채를 밝히기에는 희망이란, 하나 의미 없는 이상에 불과할 뿐이다. 사는 것처럼 살기 위해 죽을 듯이 살아내야 하는 것은 무엇에 대한 형벌일까. 살기 위해 텅 빈 희망을 욱여 삼켜야 하는 것은 무엇을 향한 폭력일까. 단지 생을 놓을 용기가 없다는 것을 이유로 오늘도 죽음은 연습에서 그친다.

  그런 심정. 희망을 품지 말자, 품지 말자고 수백 번을 결심했다.
  결심이 필요한 일이었다.

4.

　성실하게 죽음을 맞이하기 위해 한숨을 기워냈다. 사라지기 위해 사는 것일까 살아지기에 사라지려 하는 것일까. 공허에 답을 묻고 적막의 대답을 들었다.

5.

기대와
희망과
다정함과
행복,
온기와

사랑.

자주, 나를 망가트리는 것들에 대해 생각한다.

6.

"그렇게 처박혀있지 말고 사람 좀 만나."
네가 말했다.

나는 가끔 네가 하는 말이 걱정인지 진절머리인지 헷갈린다. 걱정을 왜 윽박지르듯 하는 걸까. 싱거운 혼잣말을 곱씹으며 네 말을 들었다.
너는 내가 그녀를 만나야만 하는 이유를 나열했다. 너의 이야기를 가만 듣다 보니 그녀를 사랑하게 되는 것은 어쩌면 내가 아닌 너일지도 모르겠다는 생각이 들었다. 너는 그녀를 사랑한다. 어떤 의미로든 열렬히.

7.

 예정보다 조금 늦어진 시각에 그녀는 도착했다. 너는 멀리 보이는 그녀에게로 뛰어가 반갑게 포옹을 나눴다. 두 사람의 시간을 방해하면 안 될 것 같은 기분. 어깨 너머로 눈인사를 건넨 후 어색함에 쭈뼛거렸다. 그녀는 내게 별다른 관심을 보이지 않았다.
 유리잔에 꽂힌 빨대를 휘적거리며 생각했다. 아마도 네가 없었다면 나와 그녀는 커피 한잔에 자리를 마무리했을지도 모른다고. 그녀의 이야기를 들으면 들을수록 나와는 어울리지 않는 사람처럼 느껴졌다. 직업, 직장, 몇 달 전에 다녀온 해외 출장, 사회적인 위치. 무엇보다 나와 그녀는 서로에 관한 사소한 어떤 것조차 궁금해하지 않았다. 이 자리에 무슨 의미가 있을까. 몸에 맞지 않는 옷을 입은 듯 사지가 불편했다.
 잔에 든 얼음이 녹아간다. 축난 시간이 잔의 표면으로 투명하게 맺힌다.

8.

적절하게 놓인 거리감이 편안하게 느껴지기 시작했다. 그건 방심이었을까 안심이었을까. 비로소 그녀의 눈을 똑바로 바라보았던 순간, 맞닿은 시선 그 무미한 동공에서 어떤 익숙함이 느껴졌다. 어스름, 고독, 슬픔, 연민. 아직 온기가 남아있는 절망.

문득 궁금해졌다.
그녀의 입안에 어떤 말이 들어있는지.

9.

  바람이 매섭게 불 때마다 그녀는 코트 소맷자락 아래로 언 손을 감췄다. 어깨를 작게 웅크린 모양새였다. 앞으로 성큼 걷는 그녀의 보폭을 쫓아 걸었다. 하얗게 질려있는 목덜미가 유난히 차가워 보였다.

  "목도리 드릴까요?"
  그녀는 아뇨, 하고 답했다.
  느슨하게 풀던 목도리를 다시 동여맸다. 민망함에 멋쩍은 웃음이 났다.

10.

  2호선, 집으로 가는 길. 그녀와 그리고 너와 시간을 보낸 후 어딘가의 마음이 확연히 누그러진 듯한 기분을 느꼈다. "너 왜 번호 달라고 안 했어?" 그 와중 너에게 온 문자. 뭐라고 답을 하면 좋을지 잠시 고민했다. 그 야…. 번호를 갖고 싶다는 생각까지는 들지 않았으니까. 그저 언젠가 너를 통해 다시 한번 만나면 좋겠다고 마음을 어림잡았을 뿐이었다.

  "아뇨." 단호했던 그녀가 떠올랐다.
  웃음이 났다.

11.

　너는 채근하듯 그녀의 메신저 프로필을 내게 보냈다. 네가 먼저 연락해. 나는 네 말을 핑계 삼아 그녀에게 연락을 보냈다. 쭈뼛대던 것도 잠시. 초침의 신호에 맞춰 메시지가 오갔다. 서로는 굳이 서로에 대해 캐묻지 않았으나 서로에 관한 많은 것을 나누었다. 좋아하는 가사, 그 가사에 대한 해석. 개인의 생각이나 감상 또는 감각. 다른 주제를 꺼내어 볼 새도 없이 금세 기울어 버린 달에게 헛헛한 아쉬움을 느낄 만큼 충분한 마음이 들었다.

"저 오늘 너무 먹기만 했죠?"
"네. 맛있게 드시던데요."

"내일 또 연락 할게요."
"내일 봐요."

12.

  무용한 것들에 마음을 빼앗기고는 한다. 무용함을 애정하는 것은 나약함의 증거라고 여겨왔으나, 어쩌면 무용함을 애정할 줄 모르는 것이 진정 나약한 것은 아닐까, 하는 생각이 들었다.

13.

   무색하게도 그녀와 빠른 시일 만에 다시 만나게 되었다. 계획대로라면 한남동 어딘가로 전시를 보러 가야 했으나 대신, "날도 좋은데 우리 그냥 걸을까요?" 서로의 내면을 관람하는 것을 택했다. 가로등 아래를 지날 때면 그녀의 마음에 난 흠집이 가로등 불빛에 비추어 보였다. 아름답게 드러나던 상처. 그녀는 마치 정교하게 세공된 금속 같았다.

   한쪽으로 그늘진 얼굴을 보았다. 눈을 마주 보며 표정을 읽거나 건조한 음성을 들었다. 정처 없는 걸음걸음. 오래도록 사무칠 어떤 결심을 하는 순간이었다.

14.

  온 도쿠리와 타코 와사비. 피어오르던 화구의 연기. 어깨가 닿을 듯한 거리. 그녀의 손목에서 퍼지던 향기. 잔을 쥔 얇고 긴 손가락. 깨끗하게 정돈된 손톱. 웃을 때 날카로운 곡선을 그리던 입꼬리와 광대뼈에 지던 보조개. 차분한 목소리. 부드러운 말투. 깊은 동공 그리고 흰 목덜미.
  나를 취하게 하는 것은 무엇이었는지….

15.

"저 언니한테 가능성 있어요?"

그녀의 귓바퀴가 금세 붉어졌다.
듣지 않아도 그 답을 알 수 있었다.

16.

　더는 버티지 않아도 괜찮은 새벽이 되었다. 미적지근한 그녀의 온도로 밤과 어스름 사이에 낀 성에가 녹아내리는 것을 목격했다. 그녀는 손도 발도 차가운, 따뜻함과는 거리가 먼 사람이었으나 외려 그 사실에 안심할 수 있었다.

　사라지지는 않겠구나, 그녀 곁에서라면.

17.

   취하고 싶었다. 더 풀어지고 늘어져서 그녀가 나를 한입에 삼킬 수 있도록. 이 입술에 닿아있는 시선. 그녀가 다가왔다. 가까이에서 바라본 그녀의 눈은 더욱 깊었다.

   그녀가 머리칼을 쓸어 넘길 때마다 보라색 향이 났다. 가슴팍과 목덜미, 턱 끝과 콧잔등 그리고 입술. 향이 나는 곳곳마다 한입 가득 베어 물고 싶은 충동이 들었다. 정신이 아득해졌다. 독한 술로 혀를 헹궈내 보지만 식욕만 돋울 뿐 아무 소용이 없었다. 애꿎은 입술만 잘근잘근 깨물었다. 나의 시선은 여전히 그녀의 입술에 닿아있다.

18.

"언니랑 키스하고 싶어요."

팔짱을 낀 채 나를 응시하던 그녀가 몸을 기울여 거리를 좁혔다. 테이블 위의 술잔이 조금 밀려났다. 흥미롭다는 듯한 눈과 입꼬리. 살짝 벌어진 치아 그사이. 자꾸만 시선을 빼앗겼다. 혀끝이 간지러웠다.

19.

"우리 아직 번호도 없었네요? 통화할까 했는데, 번호가 없어서요."

밤을 지나 새벽의 문턱에서 그녀가 말했다. 우리는 처음 연락을 주고받은 그날부터 당연하게 메시지만을 주고받아 왔다. 평소 전화가 달갑지 않은 나의 개인적인 취향 탓이었을 지도 모른다.

수화기 너머로 듣는 그녀의 목소리는 어떤 단조의 화성으로 이루어진 것처럼 건조하고 불안정했으나 포근했다. 알 수 없는 사유로 가슴이 시려왔다. 그녀에게 계절이 있다면 그 계절이 나의 성수기가 될 것만 같은 예감이 들었다.

20.

  비슷한 결을 느꼈다. 상처와 비관, 고독과 두려움 그리고 그녀의 다정함에서 배어나던 왠지 모를 슬픔. 물기를 머금어 아름다운 것이 그녀의 사랑이라면, 그 사랑에 영원히 젖어들고 싶어졌다. 함부로 먹은 마음이었다.

21.

여과 없이 드러낸 욕심. 그녀는 나를 사랑하다가도 두려워했고 아까워하다가도 의심했다. 그녀에게 필요한 것은 확신이었을까 나의 부재였을까. 혼자만의 생각으로는 도무지 알 수 없는 것이었다.

22.

어느 날은 문득 슬퍼지기도 했다. 사랑이 으레 그렇듯 그녀 앞에서 한없이 작아지는 자신 탓이었다. 생각에 틈이 생기면 어김없이 성에가 끼었고 그럴 때마다 그녀가 더욱 사무쳤다.

그녀를 기대하고 기다리고 있다는 것을 깨닫는다. 고작 손바닥 크기의 대화창이 인공호흡기라도 되듯 손에 쥔 채 생활했고 잠에 들었으며, 잠에서 깨고는 했다. 이러다 그녀가 사라지면 어떻게 되는 걸까. 언젠가 그녀가 얘기했던 두려움이 불투명하게 비추어 보이는 듯했다.

23.

　그녀는 사랑에 회의적이었다. 겪어 온 사랑을 이야기하던 눈은 마치, "이래도 나를 사랑할 수 있겠어?" 하고 말하는 듯했다. 잃는 것을 두려워하는 사람. 결국 모든 결말을 자신의 탓으로 돌리던 사람. 그녀를 보며, 상처 주는 일을 두려워하는 사람은 사랑 앞에서 한없이 무력해진다는 것을 알게 되었다.

　사랑이라는 것은 내게 상처 줄 사람을 정성껏 고르는 일이 아니었나. 그녀가 두려워하는 것이 단지 그것뿐이라면 내게는 망설일 이유가 더 이상 없는데….

24.

사랑과 고독. 정제된 것과 거친 것. 온화한 것과 싸늘한 것. 공존할 수 없는 것을 공존하게 하는 그녀. 바라보고 있음에도 더욱 깊이 들여다보고 싶었던 까닭은 아마 그것 때문이었겠지.

그녀와 맞닿은 시선 사이에는 타인에게 학습된 상처가 켜켜이 쌓여있었다. 나는 나의 몫을, 그녀는 그녀의 몫을. 마지막에 남는 것이 '우리'이기를 바라며 한 겹 한 겹 벗겨낼 수밖에.

소용치는 검은 파도를 들여다보았다. 마주한 채로 마주하지 못하는 우리가 있었다.

25.

범람하는 것에 속수무책 침범되었다.
검은 파도를 닮은 그것.

이름은, 당신이었다.

26.

 그녀가 범람한 곳에 발을 내디디면 찰박찰박, 물에 젖은 소리가 났다. 그녀의 슬픔은 무엇으로부터 수태되었을까. 사랑 이외의 일에 관해서는 알 길이 없었다.

27.

하지만 오늘 이렇게 외로운 건
길을 걷다가 떨어지는 나뭇잎
소리도 없이 사라질 내 모습
소리도 없이 사라질 내 모습*

  그녀가 머금은 한 소절의 가사에 심장이 뻐근해져 오는 것을 느꼈다. 숨이 막힐 만큼 텁텁한 외로움과 고독, 절망, 살을 에는 새벽 공기. 어떤 문장으로도 그녀의 심연을 적확하게 담아낼 수 없을 것이다.

  절규. 피부가 저릿거릴 만큼의 슬픔. 내게 허락된 것은 그저 듣는 일뿐이었기에 그녀의 마음이 울부짖는 소리를 가만히 들었다. 시간이 흐르고 난 뒤 메마른 시선이 내게 와 닿았다. 때는, 사랑할 결심을 해낸 후였다.

*황보령 〈탈진〉

28.

　사랑이라는 것이 처음 성립되었던 날. 나는 얼굴의 모든 근육을 써 뚝뚝 눈물을 흘렸다. 눈물의 이유를 알 수 없었다. 그냥, 그녀의 눈빛과 음성이, 순간이 좋아서. 우는 것이 전부인 것처럼 울었다. 그녀의 눈에 일렁이던 검은 바다에 썰물의 때가 왔다. 곧, 따스한 모래사장이 나를 감쌌다.

　"서로에게 구원이 되자."
　애틋함이 내려앉아 소복이 쌓인다.

　아아,
　사랑은 이토록 빛나는 것이었구나.

　…왠지 서글퍼졌다.

29.

우리는 추락하기 위해 서로를 더욱 끌어안았다.
이윽고 다다를 벼랑의 끝, 저물어가는 순수.
심장이 엉엉하고 울었다.

30.

    시작과 끝, 중간과 사이. 여러 갈래로 나뉜 마음의 결 끝에는 오직 그녀. 모든 강이 바다로 향하듯 나의 마음은 그녀에게로 향했다.

    한 줌의 해수로 목을 축였다. 가실 줄 모르는 목마름에 한 모금, 한 모금 더. 나를 전부 앗아간대도 꼭 그녀여야만 하는 것처럼 두려움 없이 해수를 삼켰다. 그러나 해수로부터 피어난 것은 사랑이 아닌 ____.

그래,
그녀는 내게 ____ 이었다.

31.

   손과 발이 덜덜 떨릴 만큼 시리고 입술이 다 갈라져 터질 만큼 냉랭한 기류. 그녀는 얼음 같은 손으로 이 작은 심장을 움켜쥐었다. 갈기갈기 그녀의 손가락 사이로 찢겨 나가는 심장을 보았다. 고통에 몸을 웅크렸다. 그녀의 눈동자에 펑펑 눈이 나린다. 그것을 보며, 이 계절이 금방 끝나지는 않겠구나, 하고 생각했다.

   앙상해진 마음에 서리가 낀다. 기다림이 두렵고 그리움에 아팠다. 찰나를 살기 위해 한 움큼 쥐어 삼킨 희망. 그것이 내게 유해한 것이라는 사실 같은 건 중요하지 않았다.

   다만 살고 싶었을 뿐이다.
   그녀와. 살고 싶었다.

32.

    잠들기 전, 오늘 받은 채점표를 다시 펼쳐 보았다. 물론 형편없었다. 출제자의 평가 기준이 너무나 박한 것이 아닌가, 하는 생각이 들었지만, 나에게는 발언권이 없다.

    그녀의 친구를 대할 때, 데이트 비용을 계산할 때. 말투, 감정, 생각, 문제를 대하는 방식 모두 낙제. 그녀는 부진한 나의 머리끝부터 발끝까지 전부 뜯어고치기를 원하는 듯했다. 때문에 더는 나로서 존재할 수 없었다. 그렇잖아도 미숙한 감정들은 더욱 주눅이 들어 어딘가로 처박혀버렸고, 쉽게 뱉을 말도 수백 번을 곱씹다 보니 입 밖에 내기 초라한 꼴이 되었다.

    머금은 문장들을 한 모금 물과 함께 삼켰다. 꾸역꾸역 넘긴 것들이 심장 부근 어딘가에 얹혀서 내내 속이 더부룩했다.

    나는 작아지고, 불안은 커졌다.

    나는 열등생이다.

33.

　시간이 지날수록 방치되는 날이 많아졌다. 그녀가 어디에서 무얼 하는지, 누구와 있는지. 알 수 있는 것은 단 하나도 없다.

　오늘은 퇴근 소식을 들을 수 있을까?
　기대를 뒤따르는 불쾌한 긴장감에 온몸이 떨리고 숨이 답답해서 당장이라도 명치를 쏟아버리고 싶었다. 그렇게 여섯 시를 지나 일곱 시, 여덟 시를 맞이한 것이 수날. 비로소 버려졌음을 깨달았다.

34.

 우리의 다름은 그녀에게로 닿았을 때 나의 틀림이 되었다. 온갖 혐오와 독설, 힐난 따위로 틀림을 증명하며 나의 정체성을 죽여야만 했던 이유를 묻고 싶다. 나를 조각내어 씹어 삼키듯 대했던 그녀의 의중을 알고 싶다. 불투명한 그녀의…. 사랑을 듣고 싶다.

35.

혐오 가득한 눈빛이 심장을 꿰뚫고 차가운 분노가 나를 얼어붙게 했다. 시커먼 토악질이 온몸을 덮친다. 그녀의 모든 것은 나에게로 향해있다.

몸의 한가운데 두근거리는 붉은 점은 그것들을 초연하게 받아낼 뿐 무의미한 저항으로 힘을 낭비하는 짓은 하지 않았다. 이렇게 고통스러운 것을 슬픔이라고 하던가. 태어나 처음 겪는 감정이었다.

아아, 나는 당신의 과녁이었을까. 꿰뚫리고 부서질지언정 쓰러져서는 안 되는 것이었나.

36.

뛰는 심장이 말했다.
"이 건 사랑이 아닌 두려움이야."

그녀에게 드는 마음이 두려움이라는 것을 알게 되기까지 그리 오랜 시간이 필요하지는 않았다. 서로 마주할 때 파랗게 질려있던 나의 얼굴이 아마, 충분한 증거가 될 것이다. 떨리는 호흡과 위태로운 눈동자. 두려움을 감추기에는 너무나 적나라한 것들. 그녀 모르게 손에 쥐고 있던 '차라리' 나를 놓아주길 바랐던 절박함과 하루의 끝인사 후 느꼈던 해방감을 혹여라도 들킬까 겁이 났다.

사랑이라 부르는, 그러나 퇴색되어 버린 어떤 것이 남아 나를 질책한다.

그럴수록 그녀의 품을 파고들었다.
그럼에도 버리지 말아 달라는 응석이었다.

37.

두 팔이 떨어져도 서로를 놓지 말자.
부디, 서로의 구원이 되자.

38.

 야윈 두 뺨을 매만지며 죽어버린 그녀의 눈을 바라보았다. 우리의 가장 밑바닥은 어디일까. 가늠할 수조차 없는 깊이에 매몰되었다. 어린 심장이 목 놓아 울고 어른을 닮은 입술은 마음을 꾹 덮었다.

 우리는 추락하기 위해 사랑을 한다.
 아주 뜨거운 속도로, 더욱 차가운 온도로.

39.

"그래서 네가 하는 노력이 뭐냐고."

증오와 사랑 그 언저리의 눈빛. 떨리는 그녀의 목소리에 덩달아 숨을 크게 삼켰다. 싸늘한 공기가 폐부를 깊숙이 찌른다. 신경이 곤두서는 예리한 통증에 가슴을 움켜쥐고 말없이 시선을 내려놓았다. 나는, 더는 나를 사랑하지 않기로 결심한 그녀를 설득할 자신이 없다. 곁을 하루하루 버텨내는 것만이 내가 할 수 있는 최선일까. 숨소리마저 이별의 빌미가 될까 두려웠다.

"나 때문에 아파? 내가 사라져 주면 되겠네?"

그녀는 기다렸다는 듯 말했다. 일그러지던 미간과 뜨겁게 격앙된 목소리. 그녀는 기어코 내 마음을 다 죽여놓으려는 심산인 듯했다.

"제발 그러지 마."

두 손바닥을 비비며 애원했다. 나와 그녀가 어쩌다 이렇게까지 무너지게 된 것일까. 잠시 잊고 있었다. 그녀는 어떻게 하면 내게 상처를 줄 수 있는지 가장 잘 알고 있는 사람이라는 사실을.

사랑은 일그러졌고 순수는 없다.

앙상한 손으로 그녀를 붙잡았다.

40.

"이제는 굳이 시간 내서 널 보고 싶지가 않아."

그녀에게 불필요한 짐이 되었다. 귀찮은 연락, 거치적거리는 불안. 이 정도면 그녀와 나의 관계를 충분히 설명할 수 있을 것이다.

서로가 어긋나버린 것은 전부 나의 탓일까. 그녀의 말대로라면, 내가 사라지면 모든 것이 제자리를 찾아갈 텐데. 가장 무해하고 싶었던 존재에게 가장 유해한 존재가 되어버렸다. 그 사실에 견딜 수가 없다, 도저히.

41.

 그녀는 텅 빈 속을 채우기 위해 나를 갉아먹는 듯했다. 추락하는 것은 내가 아닌 그녀일까. 헛구역질이 났다. 한 번의 날숨에 세상이 무너진다. 뒤집히는 것들과 멎는 것들. 이는 해일, 좌초된 두 대의 선박. 우리는 어디에도 정착하지 못한 채 망망대해를 떠돌았다.

 그녀는 수면으로 떠 오르기 위해 나의 모가지를 잡아 누른다. 이것이 그녀가 사랑으로부터 자신을 지켜내는 방법일까. 숨을 앗아가는 그녀에게 젖은 얼굴로 말했다.

 "사랑해."

 침몰하는 것은 나뿐이기를 바랐다.

 나뿐이어야 했다.

42.

 아니나 다를까 나는 더 초라해지지 못해 안달이 난 사람처럼 밑바닥을 파헤치고 또 파헤쳤다. 내 탓으로 시작된 하루는 내 탓으로 마무리됐고, 밥도 물도 안 먹혀서 술로만 위장을 채웠다. 거울 속의 나를 마주했다. 푹 꺼진 눈꺼풀과 패인 볼, 드러난 광대뼈, 목소리, 표정, 눈빛. 영혼마저 죽어버린 모습이었다. 나 같은 게 사랑받을 자격이나 있을까. 의미 없는 질문을 곱씹으며 온종일 공허를 걸었다.
 그녀가 사랑했던 나는 여기에 없다. 내가 사랑했던 그녀 또한 더는 없다. 사랑의 허물을 벗지 못한 우리는 머지않아 비극을 맞이하겠지.

43.

  수면 위로 떠 오른 감정 쓰레기들이 나를 뒤덮는다. 코를 찌르는 비릿한 악취. 악취의 근원이 벌어진 상처인지 다 곪아버린 마음인 건지, 알 길이 없다.

  어느 날 메시지로 queer friendly 정신병원 목록을 전해 받았다. 그 덕분에 그녀를 제외한 주변의 모두가 나를 소중하게 여기고 있다는 사실을 알게 되었다. 그럼에도 자꾸만 그녀를 돌아보게 되는 이유는 무엇일까. 이들에 대한 고마움보다 그녀를 향한 서글픔이 앞서는 이유는 또 무엇일까. 곪은 곳이 다 터져야만 이 짓을 그만두려나. 생각의 속도를 따라오지 못하고 뒤처진 마음에게 모든 가책을 떠넘기기로 한다. 스스로 책망했다. 그 후에는 언제나 그녀의 혐오가 뒤따라왔다.

  "너 진짜 이상해. 정신병원이라도 다녀봐."

  어제보다, 그 어제보다 더욱 짙어진 혐오의 색. 어린 내가 더 큰 잘못을 저지르기만을 기다리는 듯한 그녀의 버얼건 두 눈이 절망을 닮아있었다. 나는 자주 그녀가 되어 나를 혐오했다. 철저하게 그녀의 편에 서서 자신을 갉아먹었다. 이 관계에서 가장 용서하지 못할 것은 그녀를 괴롭게 하는 나였다.

44.

　—나 친구로 버티는데, 너 없어지면 나 친구 없는 거 알지? 어디 멀리로 잠깐 다녀오는 건 좋은데 영영 사라지지는 말아 주라.

　어느 날, 우정이의 메세지.

45.

 정신을 차렸을 땐 정신과 대기실에 앉아있었다. 몇 백 문항의 검사지를 들고 멍하게 순서를 기다렸다. 안락한 공간. 얼마 만에 느껴보는 안전함일까. 긴장이 풀린 탓에 졸음이 쏟아져 내렸다. 오랜만에 느껴보는 기분 좋은 감각이었다.

46.

"뭐가 그렇게 힘들어요?"

선생님의 한마디에 마음이 전부 꿰뚫리는 듯했다. 여기에 오면 물어보고 싶은 것이 정말 많았는데, 머릿속에 떠오르는 질문들은 전부 내게 폭력적인 것들뿐이라 아무런 말도 꺼낼 수 없었다.

내가 아픈 이유는 그녀의 사랑을 받지 못해서일까?

아니야,
그럴 리가 없는데.

"스스로를 소중히 여기지 못하는 것 같아요. 저를 함부로 대하는 사람을 이제 그만 놓고 싶어요."

오래 묵혀둔 진심과 함께 토해내듯 눈물을 쏟아냈다. 그 눈물에는 그동안의 설움과 분노, 원망, 나를 향한 참회가 섞여 있다. 그녀의 곁에 나를 방치해둔 것이 나의 가장 큰 잘못이었으니 선생님의 말씀대로 틀린 것은 없다고 굳게 믿고 싶었다.

그녀를 벗어나고 싶다.
그녀를 벗어나지 못하는 나는 정신병 환자다.

47.

 낮에는 상처를 받고, 밤이면 그 상처를 들여다보았다. 처참히 발겨진 곳을 보고 있으면 스스로가 한없이 초라하게 느껴졌다. 아픔보다는 설움이, 원망보다는 자책이 밤을 괴롭혔다. 나를 초라하게 만드는 것은 나일지도 모른다는 생각이 들었다. 학대하는 이의 곁에 자신을 방치하고, 받지 않아도 될 상처를 끌어다가 받아온 것은 전부 선택에 의한 것이었으니까. 그러니 원망할 수 있는 것은 나 자신밖에 없지 않은가.

 그 순간, 멱살을 틀어잡는 목소리가 들렸다.

 "아니라고는 말 못 하지. 근데, 그 생각을 끌어안고 혼자 또 얼마나 힘들어하려고 그래?",

 "너는 너한테 제일 못 됐어."

 자기 비하로 이어졌을 생각의 길을 적확한 타이밍에 끊어낸다. 당연하듯 스스로에게 들이밀었던 가혹한 잣대. 오늘 밤만큼은 이 잣대를 거두고 내면의 상처를 보듬어 보기로 한다.

 너는 너한테 제일 못 됐어.
 나는, 나한테, 제일, 못 됐어.

48.

"저녁 먹자."
 그녀의 한마디에 이별을 직감했다. 동시에, ISBY에서 보자는 말을 듣고 안도했다. 설마 파스타집에서 이별을 말하겠어? 그것도 내가 제일 좋아하는 곳에서.

 설마 그녀는,
 이별을 통보했다.

 "마지막이니까 네가 좋아하는 거 먹이고 싶었어"
 이곳 파스타가 이렇게 역겨웠었나. 철심을 씹는 것 같았다. 씹던 것을 채 삼키지도 못하고 시선을 접시에 파묻었다. 대답을 대신하여 애꿎은 포크만 달그락거렸다. 내가 아직 너무 어려서 그녀의 깊은 뜻을 헤아리지 못하는 걸까? 이토록 다정한 이별이라니, 태어나서 처음 해보는 이별이라 모르는 것투성이다.
 "네가 언제까지나 애틋할 거야."
 가장 잔인한 말,
 그녀의 마지막 말은 그동안 들었던 그 어떤 말보다 깊이 사무칠 거라는 슬픈 예감이 들었다.

49.

"다음에 누가 나처럼 함부로 말하면 뺨이라도 때려. 가만 맞고 있지만 말고."

그녀의 걱정이 아팠다. '나처럼'이라는 한 마디에 그동안 받았던 상처를 인정받은 듯했기 때문일까. 왼쪽 뺨에 닿은 그녀의 손끝, 그 미세한 진동이 애처롭고 쓸쓸해서 눈물이 났다. 바라본 그녀의 눈동자에는 처음 그날보다 짙어진 고독이 일렁거렸다. 비로소 밀물의 때가 왔다. 아마도, 그녀가 나에게 그랬듯 나 또한 그녀에게 유해한 사람이었을 테지.

우리 사이에는 완벽한 가해자도, 피해자도 없다. 모든 가해는 사랑으로부터. 그러니 부디, 모든 원망이 사랑을 향하기를.

50.

    적막이 오면 그녀가 두고 간 문장들이 온 가슴을 할퀴었다. 아무리 몸부림을 쳐도 그것에서 벗어날 수 없음을 알기에 그저 비척거리다 가만히 잠에 들 수 있기를 기도하는 것이 전부였다. 침범하는 것들과 부딪히는 심장. 그녀가 남기고 간 문장들이 너무나 서슬 퍼렇다.

    그렇게 떠밀리듯 아침을 맞이하면 늘, 콘크리트 바닥으로 발을 내디뎠다. 고막을 잡아먹을 듯한 도시의 소음과 이 작은 심정에는 아무런 관심도 없는 사람들. 긴 하루 중 그 무엇도 나를 해치지 않는 유일한 시간, 그 부산물들에게로.

    적막이 오면 죽을 것만 같았다.
    그것은 꼭 그녀를 닮았기에.

51.

    8할의 자기 비하와 2할의 분노. 그중 나를 바로 세우는 것은 분명 2할의 분노였다. 나를 해하는 타인으로부터 자신을 지켜내는 작은 반발심이자, 자기 비하에 맞서는 유일한 감정. 그 처절함이 가여워서 심장이 저며들었다.

    들숨에 폐부가 찢겨 나가는 듯한 고통을 느꼈다. 당장 숨을 토해내고 입을 틀어막아 보지만 이미 파헤쳐진 폐부의 고통은 사그라지지 않았다. 내 삶은 왜 이토록 가혹한 것일까. 8할의 자기 비하가 비루한 2할을 갉아먹어 '나 따위'의 의미를 다시금 정의 내린다.

    더는, 자신을 바로 세울 힘이 없다.
    속수무책 무너진다.

52.

마음이 퍼렇다.
퍼렇게 물들었다.
심장이 뛰면 여기가 지근지근 아파온다.

53.

겨울 후 또 다른 겨울.

그녀의 계절을 벗어나고야 알았다. 진정한 겨울은 아직 오지 않았었다는 사실을. 그녀에게 느꼈던 두려움도 상처도 이별에 비하면 한낱 보잘것없는 것들이었음을 온전히 깨달았다. 그녀를 두려워 말걸. 기어코 사랑하고 처절하게 버텨낼걸. 쓰디쓴 후회만이 혀끝에 맺힌다.

이별이 불자 그녀를 향해있던 사소한 원망들이 모두 걷혔다. 남은 것은 오직 사랑. 오롯한 사랑만이 남으니 애틋함과 그리움, 순수 그 언저리의 것들이 다시금 잎을 틔운다.

이것이 그녀가 바랐던 사랑일 텐데.
사랑을 잃고야 사랑을 배우다니, 마음이 슬프다.

54.

　미친 소리처럼 들릴 테지만, 나는 그녀를 연민한다. 분노를 태우기 위하여 스스로 재가 되어버리던 모습. 그녀의 혐오는 나를 향하여 있었지만, 사실 그것은 점점 망가져 가는 자신에 대한 혐오임을 느낄 수 있었다. 마땅히 사랑할 것을 사랑할 수 없게 되어버린 것에 대한 원망 혹은 슬픔. 끝난 사랑을 위한 절규나 오열. 이 정도면 그녀가 뱉었던 모든 힐난의 이유를 마땅히 설명할 수 있을 테다.

　그러니 그녀가 평안하기를 바란다.
　그저 안녕하기를.

55.

 새벽 내내 뜬눈으로 앓던 마음을 이끌고 현관을 나선다. 몸이 내 것이 아닌 듯 말을 듣지 않았다. 명치에 얹힌 숨과 메슥거리는 가슴, 삐걱거리는 걸음. 발끝으로 흐르던 피가 정수리로 역행하는 듯한 어지러움이 들었다. 지하철 손잡이를 움켜쥐었다. 손바닥이 새하얗게 질렸다. 정신을 붙잡아보려 했지만, 다리에 힘이 풀려 주저앉아버리고 말았다. 그대로라면 출근길 지하철의 수많은 사람 앞에서 추태를 보일 것만 같았다. 역과 역 사이의 거리가 이렇게나 멀었던가. 지하철 문이 열리자마자 땅을 기듯 그곳을 벗어났다. 놓인 벤치에 더듬어 앉아 눈을 감았다. 그대로 한참 동안 죽은 듯, 숨만 빠끔이었다.

56.

"신경계의 밸런스가 다 망가졌네요."

교감신경과 부교감신경이 어떻고 저떻고. 결론은, 스트레스가 과부하 되어 뇌가 멋대로 몸의 전원을 꺼버린 거라고―.

내 몸 하나조차 통제할 수 없는 꼴이라니. 이럴 바에는 차라리 그대로 숨이 꺼져버렸다면 좋았을 텐데. 살아있다는 사실이 너무 버겁게만 느껴졌다.

그리움.

연민으로 기워낸 숨을 한숨 한숨 도로 조각낼 수 있다면, 그럴 수만 있다면….

57.

    사람은 저마다 우울을 안고 산다. 우울은 각기 다른 농도와 깊이, 점성과 탄성, 채도와 명도 따위를 지니고 있어서 타인과 나의 우울을 재고 따지는 것은 무의미하다. 때문에, 타인이 나의 우울을 정의 내리는 것을 거부한다. 나는 우울을 재단할 사람보다 그저 함께 아파할 사람이 필요한 거니까.

    나의 우울은 끈적이는 검은 바다처럼 한 번 빠지면 마냥 바닥에 닿을 때까지 기다릴 수밖에 없는 그런 것이다. 위아래도 구분 못 할 그곳에서 손을 휘젓는다고 한들 수면 위로 떠 오를 수 있을 리 없을 테니까. 소리 없는 아우성은 추락을 더욱 재촉할 뿐이었다.

    "네 감정 하나 제어 못 해서—"라는 말을 내뱉는 아무개도 썩 건강해 보이지는 않는다. 우울은 감정이 아닌 호르몬의 문제야. 하고 설명하는 짓도 이제는 지친다. 분명한 하나는, 저들에게 공감과 인정을 기대하는 것보다 한 알의 마그네슘이 더욱 효과적이라는 것이다. 약을 한 움큼 털어 삼키고 싶은 충동이 든다. 이것이 마그네슘이라는 것을 인지하기도 전부터.

58.

   절망이 불어와 옷깃을 고쳐잡았다. 차갑게 죽어버린 숨을 내뱉으며 온기를 갈망해 보았지만, 애타게 찾는 무언가는 그 어디에도 없었다.

   갈비뼈가 앙상하게 드러날 만큼 길어진 공복이었다. 핏줄이 설킨 두 눈과 앙상한 턱 끝, 비춰본 몰골은 사흘 밤낮을 굶주린 초식동물 같았다. 그 어떤 것을 씹어 삼켜도 도무지 허기가 가시지를 않는다. 내게 필요한 것은 오직 마음까지 닿을 온기. 목을 축이거나 배를 불리는 일 따위로는 결코 이 허기를 채울 수 없다.

   손톱마저 얼어붙을 창백한 공기가 불었다. 이곳에서 벗어나야 한다는 생각에 어디로든 발을 내디뎠다. 누구라도 만나 의무적으로 밥을 씹고, 물을 삼키고, 대화를 나누었다. 나의 하루에 수많은 타인을 끌어들여 죽음으로부터 자신을 격리했다.

   혼자이면 안 될 것 같았다.

   혼자 남겨지는 것이 두려웠다.

59.

 뜯겨나간 곳은 그 무엇으로도 메울 수 없다. 알지만, 그저 정처 잃은 마음을 잠시 둘 곳이 필요할 뿐이었다. 가능하다면 그녀가 배인 마음 전부를 도려내고 싶었으나 함부로 도려내고서 곧 후회할 것 같으니 그저 삼켰다. 상실한 것과 형태가 비슷한 것이라면 이 마음을 메울 수 있을까. 그리움으로부터 도망친다면 내가 돌아갈 곳은 어디인가. 사랑에 사랑을 떠넘기면 사랑을 잊을 수 있을까. 사랑을 잊고 나면 더는 상처받지 않아도 되는 것일까.

 그녀를 보며 상처 주는 일을 두려워하는 사람이라고 생각한 적이 있다.
 언젠가는, 그랬었다.

60.

 다른 사람과 마주 앉아 커피를 마셨다. 쓸데없는 이야기를 하고 밥을 먹고 술을 마시고 입을 맞추고 혀를 섞었다. 마른 어깨에 머리를 기댄 채 코끝에 맞닿은 목덜미를 깨물었다. 깊게 배인 습관처럼, 능숙한 듯 아무렇지도 않게.

61.

　―그래서 우리 연애는 언제 할 건데?
　눈에 비친 새벽의 어스름을 보았다. 차분하고 시린, 익숙한 그 빛. 어딘가 다르지만 무언가 비슷했다. 그녀가 떠올랐다.
　공기가 먹먹하다. 떨림은 사그라들고 여기가 일렁인다. 심장보다 높은 곳에서 먼저 울음을 터트렸다.

62.

　새벽녘 술에 취한 목소리. 이름을 부르는 너. 동요하는 마음. 비겁한 욕심. 너는 그 겨울날, 시린 손으로 전화를 붙잡고 내 이름을 불렀다.

　"나는 네가 좋은 사람 만나길 진심으로 바랐거든? 근데, 그게 내가 되고 싶어. 미안해 나는 좋은 사람은 아닌데."

　아무 말도 하지 않았다. 그저 너의 목소리를 담았다. 마음이 우는 소리가 들리기에 네가 울음을 다 할 때까지 기다렸다. 나도 마찬가지였다. 네가 좋은 사람을 만나서 온전히 사랑받기를 진심으로 바랐는데. 네가 이렇게 사랑을 줄 것처럼 굴면 못 이기는 척 마음이 무너져 내리고는 한다.
　하지만, 그녀를 잊었는가, 끝없이 자문해 보아도 돌아오는 답은 없었다.

63.

   네 목소리로 하루를 마무리하는 날이면 꿈 없는 깊은 잠에 들고는 했다. 이렇게 약 없이 잠을 자본 게 얼마만일까? 너로 인해 구제되었다고 착각하기에 충분했다. 그러나 너에게서 비롯된 안정은 결코 나의 것이 아니었다. 틈을 비집고 새어 들어온 불안이 나를 괴롭혔고 '그녀'를 상기시켜 일상을 짓이겼다. 그럴 때마다 두려움에 파묻혀 아무것도 할 수 없는 상태가 되었다. 나는 나약했다.

   "나를 봐."

   내 불안이 엉겨 붙은 너의 눈동자를 보았다. 죄책감을 견디기가 힘들었다. 그래, 이것이 나의 본질. 내 주제에 사랑을 탐하다니. 곁을 잃고 싶지 않은 마음만큼 불안이 커졌다. 그녀로부터 학습된 것이 숨을 옥죈다. 그 안에 방치된 너를 보고도 아무것도 할 수 없었다. 불안은 결국 내게서 많은 것을 앗아갈 것이다. 나와, 너까지도.

64.

  불안에서 최대한 멀리 달아나야 했다. 네가 나를 선택한 이유에 불안 같은 건 없었을 테니까. 아니나 다를까 불안의 색채가 짙어질수록 나는 너에게 쓸모없는 사람이 되어갔다.

  너는 불안이 잘 익을 때까지 기다렸다가 한입에 삼켜버릴 모양인지, 그것이 좋아할 법한 먹잇감을 던져댔다. 이를테면 방치와 통보, 강요 따위의 것들. 불안이 커질수록 나는 메말라갔다. 너무나 당연하게, 또는 필연적으로.

  찰나에 상응하는 대가가 이토록 가혹한데 대체 행복이란 것에는 어떤 가치가 있는 것일까? 이제는 행복이라는 것을 떠올리면 구토감이 든다. 내게는 너무나 유해하고 잔인한 것임이 학습되었기에.

65.

   뜸해진 통화와 내게 시간 내는 것을 곤란해하는 모습. 자꾸만 이별을 내놓는 너라면, 언제라도 이별을 고할 수 있다는 사실을 애써 부정하지 말았어야 했다. 불안한 하루 끝에서 사랑한다는 너의 말 한마디로 모든 불안을 지워내서는 안 되는 것이었다. 너의 말을 끝없이 의심하고, 너를 믿는 나를 의심했어야 했다. 내 불안에 이유 없는 불안은 없었다. 나의 망상이 아닌 너의 행동에서 비롯된 것들. 그것들이 튀어나올 때면 너는 내 존재의 필요를 운운하며 새어 나오는 불안을 초라하게 만들었다.

   이해를 강요하는 것과 동시에 짓밟는 모습. 관계의 끝에 다다른 너는 누군가를 떠오르게 한다.

   과거가 반복된다.
   기우이기를 바랐다.

66.

 그것 또한 너였지만, 더는 네가 아니었다. 반쪽의 부재는 나머지 반쪽의 헌신을 의미하는바. 그 뜻은 물집 잡힌 손바닥과 터진 입술로 대신한다. 관계의 무게를 홀로 짊어지는 것, 기약 없는 기다림을 묵묵히 견뎌내는 것. 이는 버림받는 것보다 애처롭고 쓸쓸한 일임이 분명하다.

 길어지는 그림자를 멍하니 바라보았다. 공허를 오롯이 느끼며 떠나지도, 머물지도 못한 채 서성였다. 초라함을 외면하기 위해 애써 얼굴을 감싸 쥐었다. 물집이 다 터진 손바닥과 피 비릿한 입술. 심장이 엉엉하고 울었다.

 외로움에 몸을 뉘인다.
 곁의 부재가 길다.

67.

 처음으로 관계에 대한 기우를 털어놓았던 날. 우정은 무력한 나를 대신해 바닥에 떨어진 내 가치를 하나하나씩 끌어안기 시작했다. 어깨에 내려앉은 먼지를 털어내고 옷깃의 매무새를 바로잡으며 굽은 등을 쓸어 만져 곧게 설 수 있도록.

 "네 가치를 알아주는 사람을 만나."

 담담한 목소리와는 다르게 속상함이 크게 일렁이던 눈동자. 그 눈을 들여다보고 알았다. 너는 나를 대신하여 울고 있었다.

68.

 마음이 아프다는 말로는 이를 다 표현할 수 없다. 미어진다거나 찢어진다— 처럼 더욱 어둡고 휘도가 낮은 문장이 필요하다.

 이제는 내가 너에게 소중한 존재가 아니라는 것쯤은 잘 알고 있다. 될 수 없다는 것도 물론이고. 인간의 본성이라는 게 참 잔인해서 바닥을 기는 것을 보면 더욱 즈려밟고 싶은 마음이 든다는데, 나를 대하는 너를 보고 있으면 그 말이 틀린 말은 아니라는 생각에 조금 슬퍼지고는 한다.

 보다 효과적이고 효율적인 방법으로 나를 배척할 때의 너는, 평소의 너답지 않게 매정한 모습이었다. 그래서 의심하고 부정했다. 네가 그럴 리 없다고 생각했으니까. 그냥 뭔가 조금 잘못된 거라고 믿어야만 내가 버틸 수 있었으니 말이다.

 잘 포장된 식은 마음. 그에 안도했던 숱한 밤. 남은 것은 오직 불안뿐. 관계는 이미 일그러졌다.

69.

나는 너의 여가였다. 아니, 여가 정도는 됐을까. 약속을 피하는 이유와 전화를 거절하는 방식이 너무 투명해서 네가 하는 노력을 인정하지 않을 수 없었다.

"나는 너를 위해 최선을 다했는데 네가 부족하다고 느낀다면 어쩔 수 없지."

너의 말이 마음을 짓이긴다. 그렇게 별 볼 일 없는 게 최선이었다면 애초에 하지 말았어야지. 너의 최선은 불필요한 기대와 상처만을 남긴다. 하나 분명한 것은, 네가 해야 했던 노력은 사랑을 속이기 위한 노력이 아니라 놓기 위한 노력이어야 했다는 것. 관계에 대한 연민이 조금이라도 있었다면 너는 그래야만 했다.

70.

   모난 마음이 들었다. 도무지 괜찮은 척을 할 수가 없었다. 너의 행동들이 미운 것은 어쩔 수 없는 걸까. 미안하다는 한마디면 모든 것이 나아질 텐데. 사과 한마디 듣지 못한 것이 마음에 맺혀 매일 밤이 서럽다. 하지만 떠날 이는 말이 없으니 어쩔 수 없는 일이다. 나는 그저 떠안겨진 것들을 끌어안고 우는 수밖에.

   어린아이처럼 우는 일이 잦아졌다.
   눈물 자국이 켜켜이 쌓여간다.

71.

"할 말 있어. 너한테 좋은 얘기야."
"혹시, 오늘 우리 헤어져?"

"눈치 빠르네."

수없이 되뇌고 되뇌었던 것들이 한낱 자위에 불과했다는 것을 깨달았다. 무엇을 원망할 수 있을까. 내가 너를 너무 오해했던 탓이지. 이제와 모든 것이 제대로 보인다. 차게 식은 너의 눈과 목소리. 기우이기를 바랐던 것들이 사실은 가까운 미래에 대한 완연한 불안이었다는 것까지도.

나를 원망하는 눈은 거두기를 바란다. 너의 이별만큼 안전하고 여유로운 이별은 또 없을 테니까. 이별에 먼저 도착한 네가 여유를 부리는 동안 저 멀리 우두커니 서서 마냥 기다려야 했던 나를, 이 마음을 애도하는 것만이 네가 해야 할 일이다.

네가 말했다. "초라하다고 말하지 마. 너는 절대로 초라한 사람 아니니까."

나는 초라하지 않았었다.

적어도 너를 만나기 이전까지는.

72.

 꽤 오래됐다고 했지. 사랑을 말하던 그 순간에 이별을 떠올리기 시작한 게. 네가 말한 사랑 중 어디서부터 어디까지가 진심이었을까. 무용한 궁금증이 떠올랐다.

 어느 날 네가 말했다.
 "호기심으로 사람 만나면 어떻게 되는지 제대로 배웠지, 뭐."
 호기심?
 나를 초라하게 만든 것은 분명 너였다.

 '굳이 두 번 이별할 필요 없잖아.' 연락하고 싶은 마음을 다잡았다. 더 이상의 감정은 집착이거나 미련. 아름다웠던 것들은 이미 퇴색되어 사라졌다. 이별을 받아들이는 것이 두려워 이곳에 머물러 있을 뿐, 너를 향한 애정이 이 그리움의 이유가 아님을 다시금 되뇌인다.

 우리에게는 아무 말도 남지 않았다.
 서로를 위한 위로도 애정도, 약속도.

73.

우는 법을 잊은 것처럼 마른 눈물이 흘렀다.
"네가 다른 사람을 만났어도 결과는 같았을 거야."
왜냐하면, 나는 불안장애 환자니까.

참 쉽다.
너의 한마디로 모든 것이 나의 탓이 되었으니.

74.

네가 떠났다.

대수롭지 않은 내일이 되었다. 그저 너를 만나기 이전으로 돌아간 듯 낯설지 않은 풍경의 연속이다. 텅 빈 마음 한켠은 사람의 온기로도 채울 수 없다는 것을 몸소 깨달았다. 의미 없는 무력감이 들었다.

흑백 세상에서 언젠가 보라색으로 물들었던 곳만이 희미하게 빛난다. 못다 한 마음이 남아서 아직 그리움을 지울 수 없다.

그녀가 그립다.
왜?

75.

 망가진 것들은 나를 중심으로 공전한다. 눈을 감고 주변을 맴도는 것을 하나둘 헤아리니 금세 지나가 버린 새벽이 아침을 끌어안는다. 정말이지 애꿎다. 이토록 외로워지기 위해 사랑을 한 것이었나. 기어코 모든 것을 앗아가 버린 것을 원망하며 가슴을 퍽퍽 내리쳤다.

 사랑은 너의 탓, 이별은 나의 탓.
 공허에 비석을 놓아 우는 사랑을 애도한다.

76.

 어느 날은 너와 있을 때 떠오르던 그녀를 사랑하는 것일지도 모른다는 생각마저 들었다. 너는 나의 그리움이었을까. 나는 그리움을 사랑해 마지않았던 것일까. 이런 사랑이, 사람을 원망할 자격이나 있을까.

77.

 그녀와의 마지막 순간을 복기했다. 달이 지고 해가 뜨는 것이 살갗으로 느껴졌다. 오전 다섯 시 사십칠 분. 엉겨있던 이부자리를 정리하고 옥탑으로 나섰다. 차갑게 가라앉은 날것의 공기. 밤과 새벽의 사이 동안 폐에 쌓인 슬픔을 게워 내고 찬 것을 채워 넣었다. 달궈진 마음이 일순간 가라앉았다. 아아, 슬픔이 너무 뜨거워서 잠에 들지 못했던 것일까. 비로소 눈이 감긴다.

78.

밤사이 내린 절망에 머리칼 한 올 한 올이 흠뻑 젖었다. 물기를 머금은 탓에 무거워진 몸. 손가락 하나 움직일 수 없어 숨만 뻐끔거렸다. 새벽의 공기는 사람의 슬픔을 먹고 살아서 유난히 축축한 걸까. 뼈와 뼈 사이로 스며드는 새벽. 시리다. 몸과 마음과 온 기억들이.

잔기침을 해대는 마음을 감싸 쥐고 이불 안을 뒤척였다. 얕은 숨 사이를 비집고 새어 나오는 그리움. 이런 게 우리의 마지막은 아닐 거야, 아닐 거야. 바라던 한낱 희망이 암전된다.

79.

 생각을 멈추면 눈물이 흘렀다. 생각을 지속하면 절망을 했다. 무엇이든 할 수 있었으나 그 무엇도 할 수 없었다. 마치 죽음을 기다리는 사람처럼 처연하게 앓을 뿐이었다.
 계절이 바스라진다. 세상이 전부 얼어 죽을 준비를 한다. 그녀를 처음 만났을 때에도, 잃었을 때에도 이 계절의 언저리에 서있었는데. 아주 오래도록 이 계절을 떠나지 못할 것 같다는 생각이 들었다. 그런 슬픔이 들었다.

80.

"아직 나 사랑해요?"

이별을 앞두었던 어느 날,
한강을 마주한 벤치에 앉아 물었다.
어깨가 닿을 만큼 가까운 거리였음에도 그녀는 단 한 번 나를 바라봐주지 않았다.

"어제보다는 덜 사랑하는 것 같아."

어제보다는 덜.
그녀의 무미한 음성을 곱씹어보았다.

김이 다 빠져가는 맥주로 입을 헹궜다.

81.

　식물처럼 앉아 시간을 허비했다. 원목을 흉내 낸 테이블 무늬를 따라 눈알을 굴렸다. 그러다 기껏 생각했다. 아, 커피라도 사러 나가야지. 그 생각이 무거웠는지 머리가 기울어 스러진다. 짓눌린 이마가 붉어지는 것을 느꼈다. 내가 가진 의지는 거름으로조차 쓸 수 없겠구나. 커피를 마시는 일마저 나를 비참하게 한다.

82.

끝내 사랑하지 않기로 결심한 듯 보였다. 그녀는 내가 어떤 상처를 준대도 다 받아낼 것처럼, 많은 것을 체념한 것처럼. 그동안 준 상처들이 이 가슴에 오래 사무칠 것을 전부 알고 있는 사람처럼 사과했고 울었고, 웃었다. 그녀를 기다려온 시간 동안 가장 두려웠던 것은, 내게 허락된 마지막이 나를 혐오하는 그녀의 모습 그대로 끝나버릴지도 모른다는 것이었다. 그러나 그녀는 웃었다. 그래, 웃는 모습이 이렇게 예쁜 사람이었지. 잊고 있던 아름다움을 볼 수 있어서 다행이라는 생각이 들었다.

83.

   그녀의 옷깃을 붙잡았던 장소를 지난다. 여기저기 고여있는 생각들이 발목을 붙잡았다. 그날, 그녀는 어째서 옷깃을 붙잡던 내 손을 뿌리치지 않았을까. 손을 맞잡은 듯 나란히 걸었을까. 눈길 한번 주지 않았을까, 젖은 얼굴을 숨기기 위함은 아니었을까. 그렇게 한참 동안 생각에 매몰된 채 우두커니 서있었다.

84.

먼지 쌓인 방. 홑 씨 같은 마음이 인다. 숨을 들이마실 때에는 그것을 온전히 품을 수 있을 듯하다가도 숨을 내쉴 때에는 영영 내 것이 아닐 것 같은 기분을 느꼈다. 펄펄 날리는 이 마음은 누구의 마음인가. 나의, 아니면 그녀의.

85.

그녀를 사랑하기 위해 애쓰고는 한다.
그녀를 사랑하는 일은 그녀를 잊는 일.
힘껏 사랑을 해야지.
영영 그녀를 사랑해야지.

86.

  별일 없는 하루였다. 밤하늘을 올려다보기 전까지는 그랬다. 유난히 달이 밝은 탓에 기울어있던 마음이 쏟아져 내렸다. 빈자리에 물밀듯 차오르는 그리움과 상실감 그리고 애틋함. 무엇으로도 정의 내릴 수 없는 어떤 감정들이 침범해 온다. 하루의 끝에서 속절없이 무너져 내린 것만 몇 날 밤째. 별수 없이 예정된 슬픔이었다.

  돌아오지 않는 이의 이름을 불러보았다. 입안이 퍼석하다.

87.

"너의 모든 처음을 함께하게 해줘."

그녀의 말은 저주인 듯 언약인 듯 나의 숱한 처음을 함께했다. 사랑과 사랑이 끝나고 난 후 그 너머에서마저도. 어쩌면 아주 오래도록 그럴 것이라는 예감이 들었다. 영영 그녀와 함께일 것만 같은 그런,

88.

그래. 차라리 외딴섬으로 태어났어야지. 가질 것 없으니 잃을 것 없고, 채운 적 없으니 상실감 또한 느낄 수 없도록 그랬어야지…. 기어코 사랑을 욕심내어 공허가 되었으니 고독 따위를 씹어 허한 속이나 달래어야겠다.

도시가 소등되면 외로움을 돛 삼아 새벽을 표류한다. 텅, 가슴을 울리는 뱃소리만이 귓가를 맴돈다. 이 뜨거운 그리움이 너무 늦지 않게 식어버리기를 바라며 오늘도 눈을 감고 잠을 청한다.

이렇게 새벽을 표류하다 아침을 맞이하겠지.
떠밀려가듯 다시 또 그녀에게 흘러갈 테지.

89.

  우리 애틋함 말고 사랑을 하면 안 될까. 나를 걱정하고 위하는 마음이 든다면 그냥 곁에 있어 주면 안 될까. 언젠가 만나게 될 누군가가 부러워서 이른 슬픔을 느낀다면, 후회가 앞선다면 그냥 나를 잡아주면 안 될까.

  애틋함을 하자고 하다니,
  나는 그 말의 뜻을 모르겠어요.
  돌아와서 이별을 납득시켜 줘요.

*사랑하는 사람을
언니라고 부르던 순간부터*

    사랑하는 사람을 언니라고 부르던 순간부터 글은 시작되었습니다. 빈 사랑의 자리에는 상실을 대신할 어떤 감정들이 차오릅니다. 대신한다는 것이 옳은 표현인지는 모르겠습니다. 자기연민이나 그리움 따위가 견고하게 자리 잡아도 다시금 사랑이라는 것에 기어코 흠뻑 젖어 들고야 마는 걸 보면요.

    그래요. 사랑은 무엇으로도 대체할 수 없는 거군요. 사랑은 사랑 그 자체로 완성형이며 이별 또한 이별 그 자체로 완성형이겠군요. 실패한, 못다 한, 미성숙한. 이런 조잡한 수식어는 아무런 쓸모가 없겠습니다.
    그래요. 나는 이제야 조금 알 것 같습니다. 나의 사랑은 실패한 사랑이 아니라 단지 아픔으로 완결된 온전한 사랑이었다는 사실을요. 사랑으로써, 사랑으로서 기억될 거라는 것을요.

    작은 바람이 있다면, 우리가 더 이상 사랑으로 울음 짓지 않는다면 좋겠습니다. 기억이 닳을 때까지 만지고 만져서 그 표면이 무뎌질 수 있도록. 불현듯 그 기억이 나를 찾아와도 더는 스스로를 해칠 수 없도록 그랬으면 좋겠습니다. 사랑이라는 것이 이제는 당신 안에서만 비롯되는 것이기를 바라봅니다. 오롯이 사랑을 사유하자는 말입니다.

함께 시작했던 사랑일지라도 마지막까지 함께일 수는 없다는 것을 깨닫습니다. 이 사랑이 홀로 된 나를 싣고 어디로 향하는지 알 수 없습니다. 사랑을 오래 붙잡고 있을수록 먼저 떠난 당신과 더더욱 멀어집니다. 그럼에도 나는 이 사랑을 놓지 않습니다. 이것이 내가 사랑을 대하는 방식입니다.

사랑, 사랑….

조금 남은 사랑을 곱씹어봅니다.

24. 03.
이아로 드림.

<이렇게 새벽을 표류하다 아침을 맞이하겠지>의 부제목인 <사랑하던 사람을 언니라고 부르는 순간부터>는, 작가 태재와 독립서점 스토리지 북 앤 필름이 함께 운영하는 팟캐스트 「스몰포켓」 130화의 제목을 인용하였습니다. 아름다운 문장을 지어주신 태재 작가님께 감사를 전합니다.

이렇게 새벽을 표류하다 아침을 맞이하겠지.
copyright © 2024, leearo.

초판 1쇄 발행 **21년 01월**
개정 1쇄 발행 **24년 03월**

글 **이아로**
편집 **이아로**

디자인 **이아로**
표지 사진 **이혜진**

instagram **_fromaro**
email **aroyee@naver.com**

*이 책의 저작권은 저자에게 있습니다.
저작권법에 의하여 한국 내에서 보호를 받는 저작물이므로
저작권자의 서면 동의 없이는 어떠한 형태나 수단으로도
이 책의 내용을 이용할 수 없습니다.